AF313587

A. ÉLOY. VINCENT

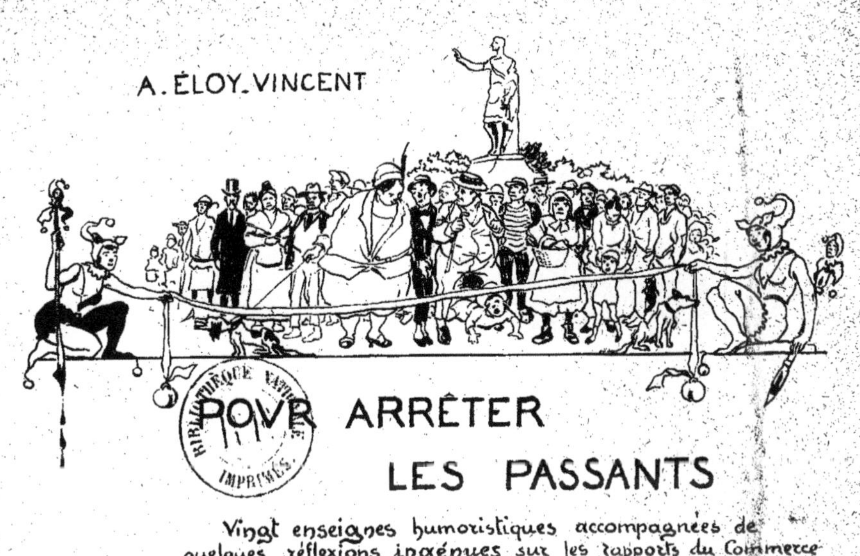

POUR ARRÊTER
LES PASSANTS

Vingt enseignes humoristiques accompagnées de quelques réflexions ingénues sur les rapports du Commerce et de l'Art.

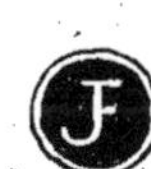

Se vend en la boutique de Jo Fabre, libraire-éditeur, à l'enseigne : "La Fantaisie", _ Place du Marché, à Nisme.

NIMES _ MDCCCCXXIII

DISPENSÉ DV PRIVILÈGE DV ROY.

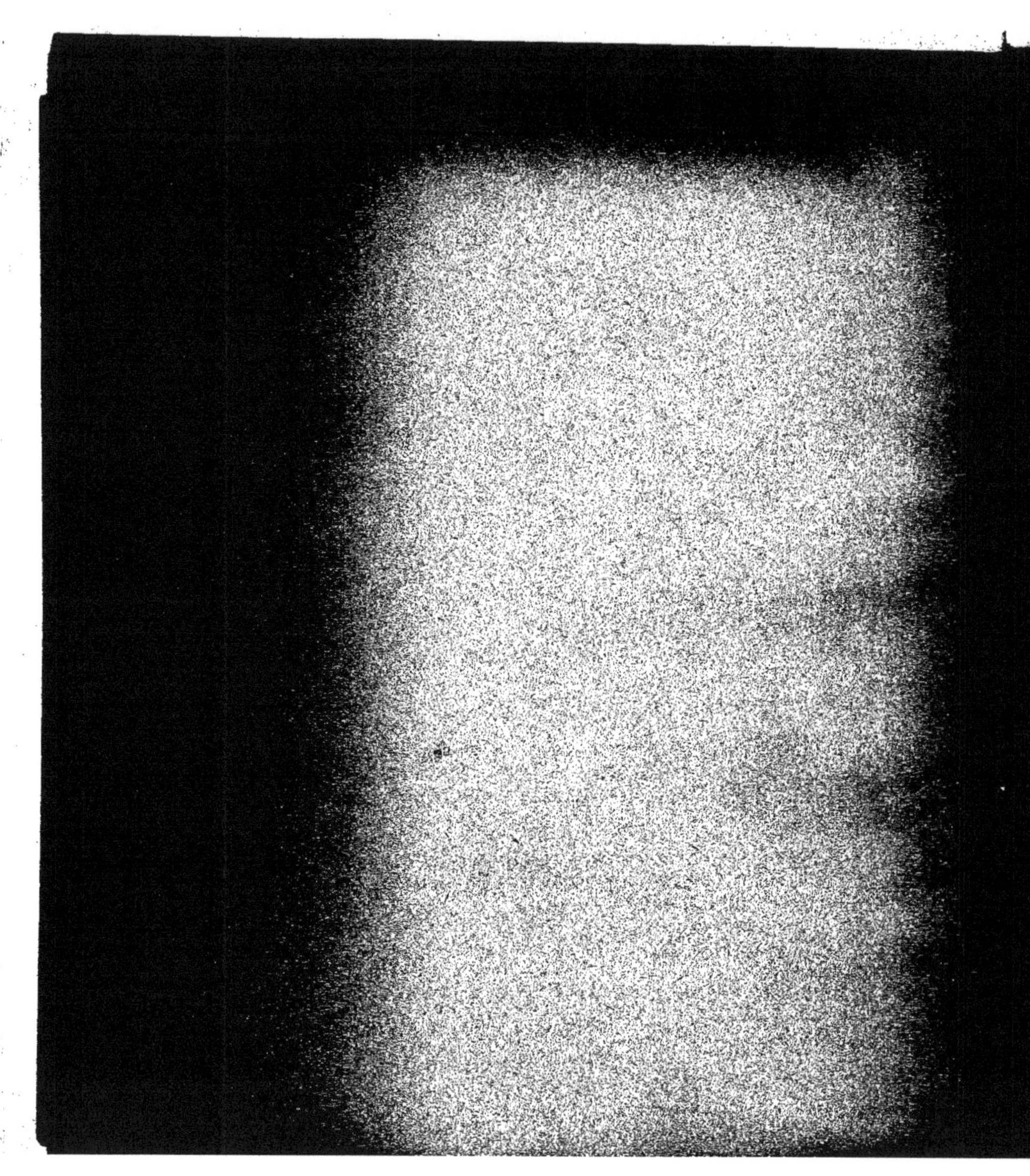

Profiterai-je de la circonstance pour essayer au préalable de définir l'art et conclure soit à son abaissement vers la foule, soit à l'élévation de la foule jusqu'à lui? Je m'en garderai bien; non que ce jeu d'esthéticien me rebute, mais simplement parcequ'il m'apparaît comme un cul-de-sac dont nul n'est encore sorti, à ma connaissance.

L'art est ce qu'il est. Tout rebelle qu'il soit à la définition, personne ne se trompe sur son compte. La foule le salue quand elle le rencontre, avec une incompréhension qui n'exclut pas le respect. L'élite qui ne le comprend pas toujours en fait sa propriété dont elle surveille jalousement les approches, comme si la trivialité pouvait jamais l'atteindre.

D'autre part je ne vais pas m'attarder à l'artifice des distinctions établies entre les principales formes du « Grand Art » : L'enluminure qui embellit un manuscrit et le complète, la fresque qui fait corps avec la destination et l'aspect d'un monument, le tableau qui se suffit à lui-même et s'offre expressément à notre contemplation exclusive. Je me contente de penser qu'il y aura toujours un art mystérieux et grave, résultant d'une émotion raffinée et se manifestant au hasard des procédés fournis à l'artiste par son tempérament propre, par l'expérience accumulée des maîtres de tous les temps, par le goût du moment, enfin par uu besoin inné, ardent et salutaire de renouvellement.

Personne, même parmi les partisans les plus résolus de l'art pour la masse, n'a sérieusement songé à contester la légitimité, voire la supériorité de cet art qui

trouve en lui-même son origine, son essence, ses fins et n'est accessible qu'aux
intellects organisés pour percevoir les plus subtiles nuances et les plus audacieux élans
de la pensée. A peine lui demande-t-on la faible proportion de sens commun qu'il
faut à toute œuvre humaine pour n'être pas une sorte de monstruosité conçue hors
de toute logique et par là même dénuée de tout pouvoir communicatif.

Du point de vue où je veux rester il importe seulement de remarquer qu'un
chef-d'œuvre peint est premièrement une surface qu'un grand artiste a choisie pour
y peindre une image.

Si cette surface, au lieu d'être faite uniquement pour l'image comme est une
toile à peindre, a déjà une destination pratiquement utile comme l'enseigne que fit
Watteau pour son ami le marchand de curiosités Gersaint, en quoi l'image s'en trou-
verait-elle déshonorée ?

Qui veut s'engager à me prouver que les vases peints où l'esprit du trait
exprime la finesse et la grâce de la vie aux grands siècles Grecs ne sont pas des chefs-
d'œuvre de grand art en même temps que des récipients d'usage; que le polyptyque
de «l'Agneau» des Van Eyck à Saint Bavon de Gand n'est pas un objet du culte, et
enfin que les peintures du grand peintre Japonais Hokousaï ne sont pas des chefs-
d'œuvre parcequ'ils décorent des paravents ?

Personne à coup sûr, mis à part les joueurs de paradoxes. Je puis donc clore
victorieusement cet alinéa.

••••••••••••••••••••

N'allons pas trop avant dans le rude jardin des vérités où chaque pas est un travail et revenons aux rassurantes conventions qu'on accepte les yeux fermés.

Donc, à cheval sur un préjugé - ce qui est une équitation singulière mais sans péril - les artistes professent en général que cela seul est de l'art qui surgit du plus profond de leur personnalité, hors de toute suggestion étrangère ou de toute contrainte sociale. Cette conception acquise à l'école leur donnant une haute idée d'eux-même, ils s'y tiennent et sont dans leur droit, à condition de posséder quelque personnalité; mais qui redoute d'en manquer? En conséquence un thème proposé par le Commerce est forcément dénué d'étincellement artistique à leur sens.

Or semblable à la divinité, l'art est partout ou nulle part. C'est affaire de clairvoyance ou de cécité. Quelques maîtres modernes et non des moindres prouvent qu'il intervient victorieusement dans la trouvaille d'une présentation graphique bonne à mettre en valeur une marchandise ou une consigne d'ordre public. Et l'on voit bien qu'ils ne songent pas à s'en excuser auprès des Dieux dispensateurs de haute et rogue inspiration. Sans doute il y a dans leur cas une part d'ingéniosité ou plutôt d'esprit que la Peinture solennellement dite affecte de rejeter comme n'étant ni de son essence ni de sa substance. Mais c'est matière à controverse d'esthéticiens et l'Esthétique, discoureuse de premier plan lorsqu'il s'agit d'art quintessencié n'est pas à son aise dans le domaine de l'art utilisable où nous sommes.

En somme la plupart des artistes adoptent sans y regarder une opinion qui les met fort au dessus du vulgaire et les dispense d'imagination par dessus le marché. Cependant ils sont convaincus de leur utilité supérieure.

Les Commerçants et les Industriels convaincus, eux, de leur utilité tout court, ne cachent pas leur dédain pour ce qui ne répond à aucun besoin matériel et général. Entre eux et les artistes il y a l'incommensurable distance qui sépare les produits des productions. L'Art ne se consomme point; il n'est donc pas indispensable à la vie. Ce qui n'est pas indispensable à la vie n'est pas sérieux. Voilà pourquoi les commerçants sourient en parlant des artistes et mettent de l'amour-propre à se passer d'eux.

Bon. Mais, sauf erreur, le Commerce qui s'adresse au monde entier sans en excepter les sauvages vit de réclame et demande tout à la publicité. Qu'est-ce que la publicité? Un écriteau tiré à d'innombrables exemplaires. Quelqu'un conteste-t-il l'absolue laideur d'un écriteau?

La vie telle que le progrès et les échanges internationaux nous l'ont faite n'est qu'une succession d'écriteanx fort affligeants pour les yeux, même lorsqu'on s'est décidé à ne les lire qu'à la rigueur. Le Commerce et l'Industrie agiraient sagement en tirant de ce mal envahissant un bien universel. Il leur suffirait pour cela de confier aux artistes notoires ou obscurs, fort embarrassés de leur personne sociale, le soin de donner la vie aux écritaux par l'ingéniosité du graphisme et la magie de la couleur. Ainsi ils tireraient l'œil des passants, d'où bénéfice personnel; ils enrichiraient l'existence publique ce qui est de bonne politesse sociale et, enfin, bienfait qui n'est pas négligeable, ils aideraient à vivre les artistes dédaignés des capricieux amateurs.

••••••••••••••••••

IV

S i la dialectique est mieux qu'une considérable faribole, je crois avoir prouvé
que l'Art et le Commerce ont intérét à faire alliance.
Le mot «intérét» est magique. Son seul aspect, comme on sait, met
les objections en fuite. L'accord serait donc acquis, n'était la force incalculable du
préjugé qui perpétue le dédain réciproque.

Ce dédain irraisonné à part, les commerçants opposeront encore le prix élevé
d'une œuvre d'art appropriée à des besoins qui écartent l'idée de luxe et d'exception.
Mais si l'accord intervenait on aurait par le simple jeu de l'offre et de la demande des
vignettes et des panneaux abordables, comme on trouve de bons tableaux à prix réduits
à côté de bons tableaux très chers. Et bientôt le Commerce s'étonnerait d'avoir pu
s'en tenir jusque là aux déplorables étiquettes que des graveurs spéciaux, je veux dire
soigneusement fermés au sentiment artistique, calligraphient avec le seul souci des
hachures régulières et la plus systématique méconnaissance du vivant et chaleureux
dessin.

Les artistes, de leur côté, se souvenant des capitulations que le monde des
affaires leur impose à chaque rencontre, argueront du mal qu'ils ont à faire adopter,
le cas échéant, une esquisse originale. Le commerçant, en effet, armé d'une impérative
logique d'acheteur, prétend presque toujours imaginer et dicter lui-même la com-
position qu'il demande à l'artiste. De là ces vignettes, nomenclatures sèches, linéaires
et niaises, infiniment plus propres à faire haïr un produit ou une Maison qu'à les

mettre en faveur. Mais tout accord comporte des statuts et, de plus, la généralisation des rapports mettrait promptement chaque chose à son point et chacun à sa place. Il ne s'agit que de commencer.

Sinon il manquerait à notre temps l'art pratiquement social qu'il appelle.

Les manuscrits enluminés aux mains des riches studieux, les cathédrales ouvertes comme un beau livre d'images devant le peuple, les somptueux Versailles à l'usage exclusif des princes, répondaient à des formes sociales qui sont mortes. Nous en sommes au papier imprimé, au morcellement et à la diffusion artistiques. L'œuvre d'art n'est plus une richesse unique qu'on possède avec une fierté jalouse, mais une matrice d'autant plus estimée que ses reproductions sont plus nombreuses.

Les artistes d'aujourd'hui, trop près d'un temps qui ne connaissait pas les ressources photographiques et mécaniques, peuvent encore hésiter entre la loi d'art concentré qui nous vient de la Renaissance et l'adaption cordiale aux exigences du moment. Mais ceux qui vont venir ne concevront que pour le livre, le journal et l'écriteau. Et, de même que nous retrouvons les âmes successives de l'humanité dans les temples de Karnak et d'Angkor, dans les frises du Parthénon, dans Notre-Dame de Paris, dans les fresques du Campo - Santo de Pise, à San Marco et à San Lorenzo de Florence, dans le parc de Versailles, l'avenir découvrira la nôtre dans la décoration du livre, dans les feuillets quotidiens de nos dessinateurs humoristes, dans l'affiche, et enfin dans les panneaux et les enseignes qui feront de la rue, ce salon du pauvre, le joyeux album des passants.

Est-ce pour démontrer la valeur pratique de ces dires que je les fais suivre de quelques compositions à tournure d'enseignes? Certes non. Je n'ai pas l'immodeste sottise de proposer des exemples que l'esprit du lecteur complèterait spontanément d'un « A ne pas suivre » bien mérité. J'espère tout au plus que mes reflexions feront accepter la frivolité des images et qu'inversement les images rendront supportable le parti-pris didactique de mes réflexions.

A. Éloy - Vincent

Nimes, Juin 1923

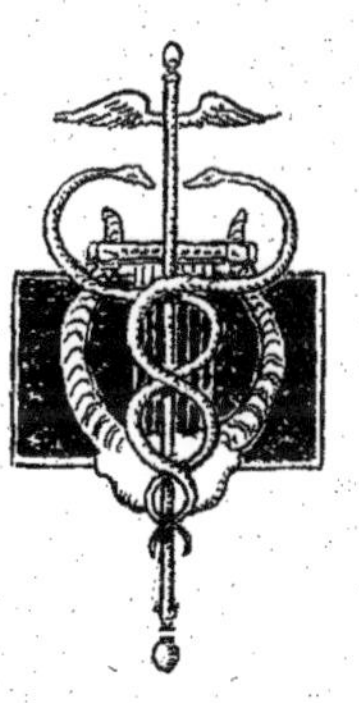

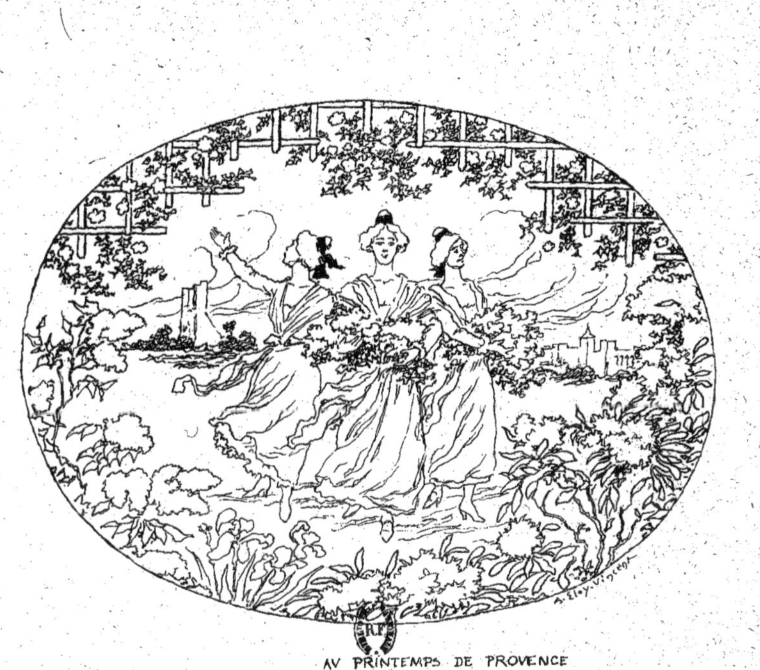

AV PRINTEMPS DE PROVENCE

CANDIDE, JARDINIER-FLEVRISTE

AVX JOIES DE LA PLAGE

HÔTEL DES BAINS — VUE SVR LA MER

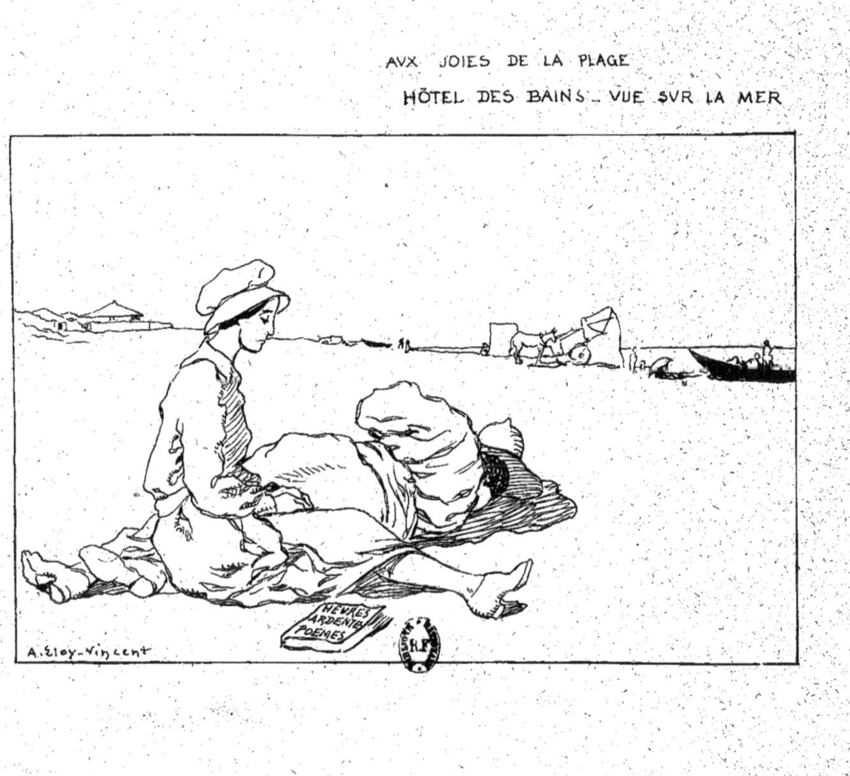

HEVRES
ARDENTS
POEMES

A. Eloy-Vincent

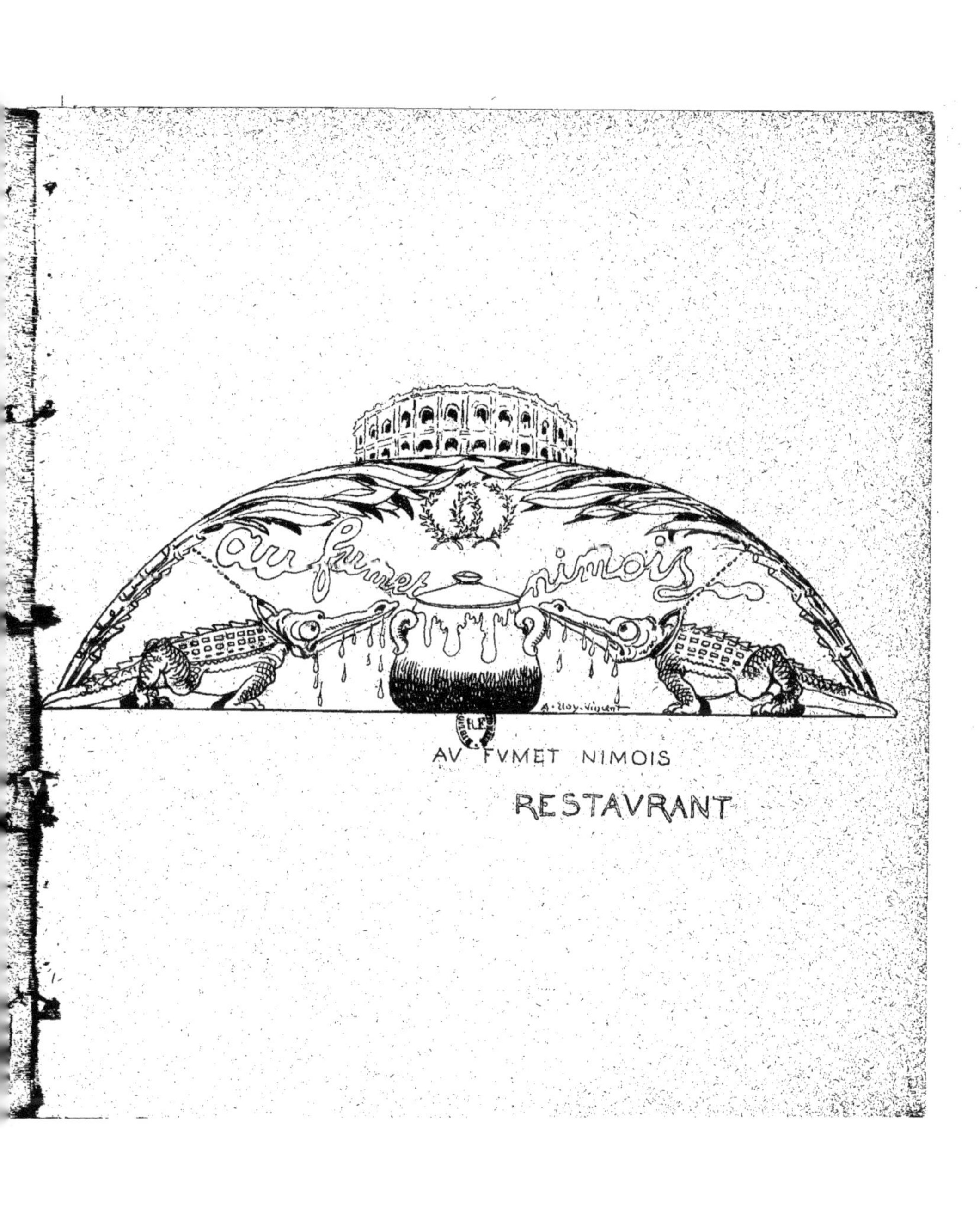
au fumet nimois
AV FVMET NIMOIS
RESTAVRANT

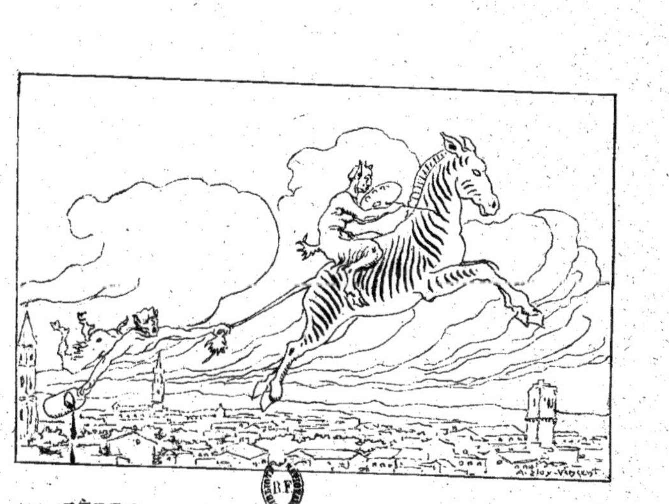

AV ZÈBRE

AGENCE COMMERCIALE

AV ZÈBRE qui va d'un tel train
Que pour le modérer un brin
La Nature le peinturlure
A contre-sens de son allure.

AV MASSÉ PRODIGIEVX

ACADÉMIE DE BILLARD

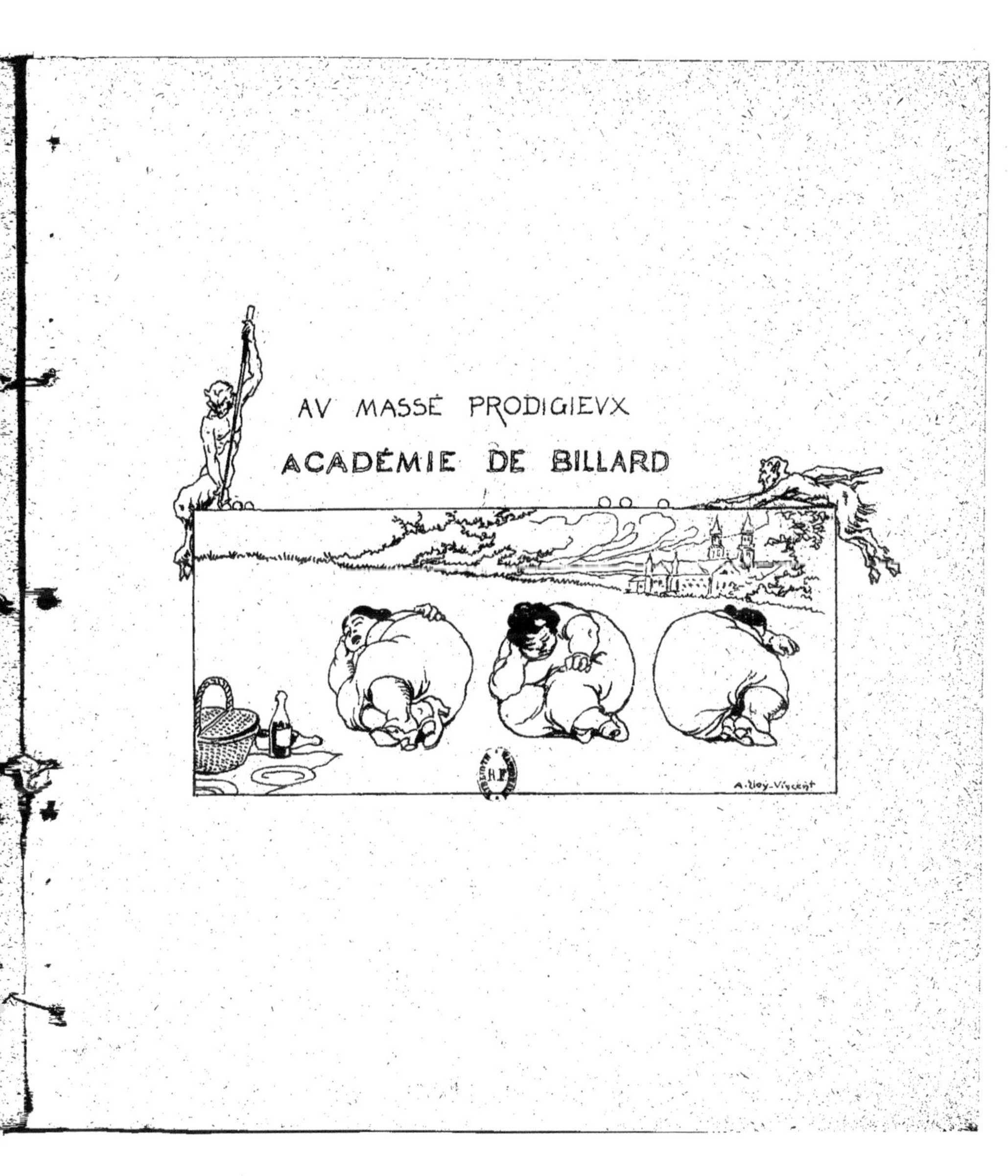

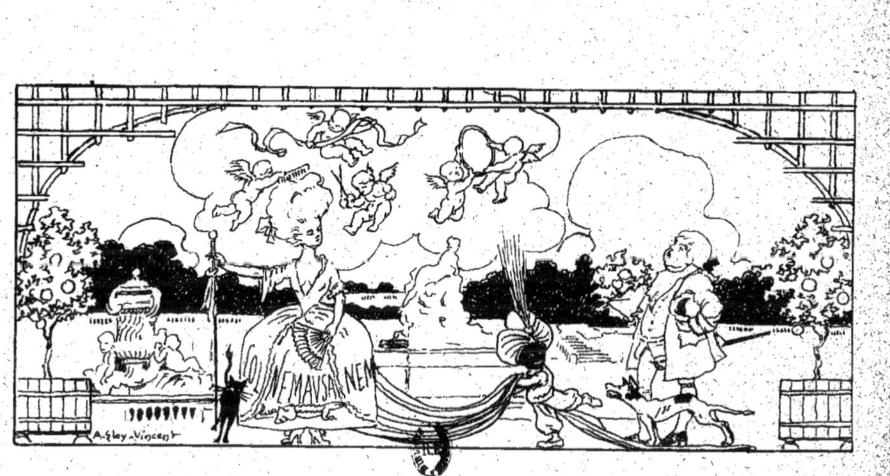

AV CVLTE DES NOBLES TRADITIONS
SÉRAPHIN, COIFFEVR POVR DAMES

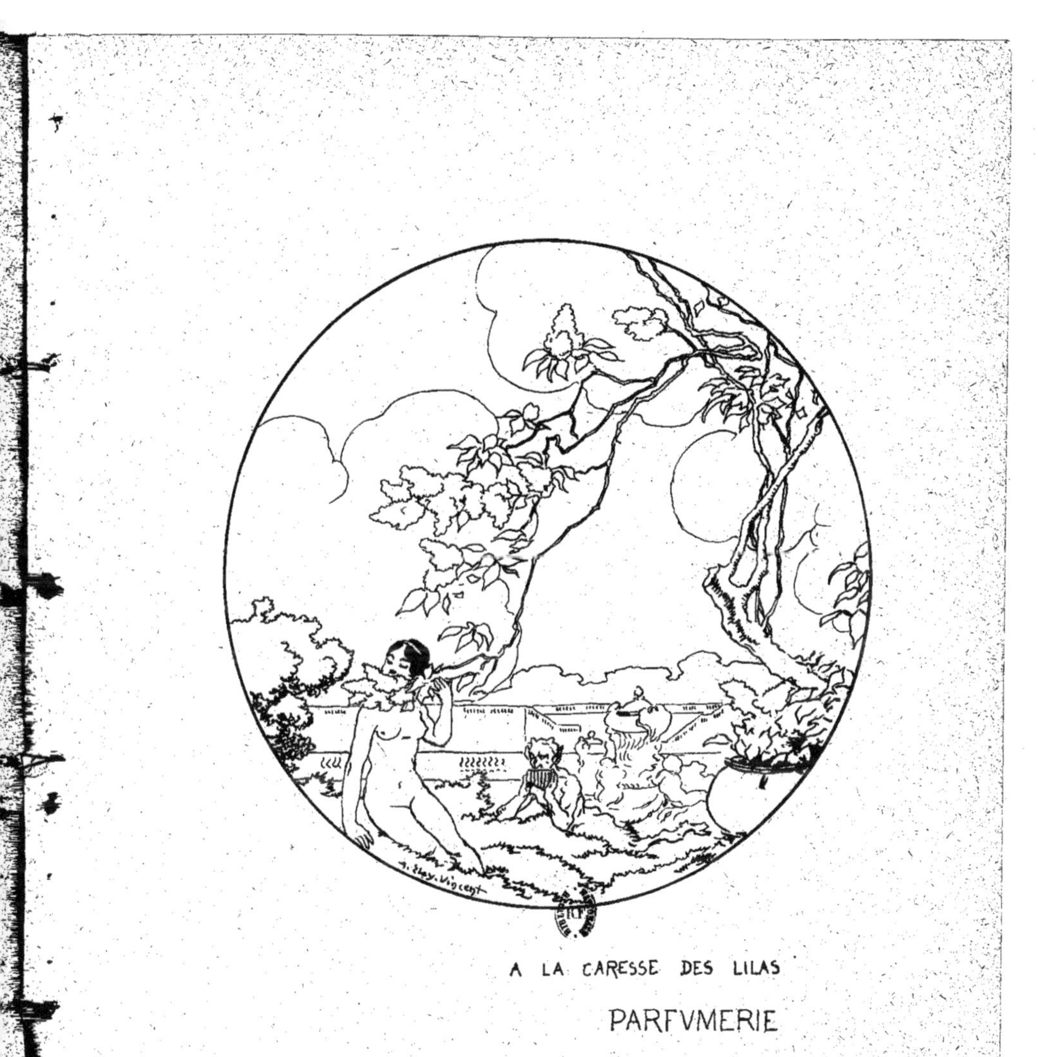

A LA CARESSE DES LILAS

PARFVMERIE

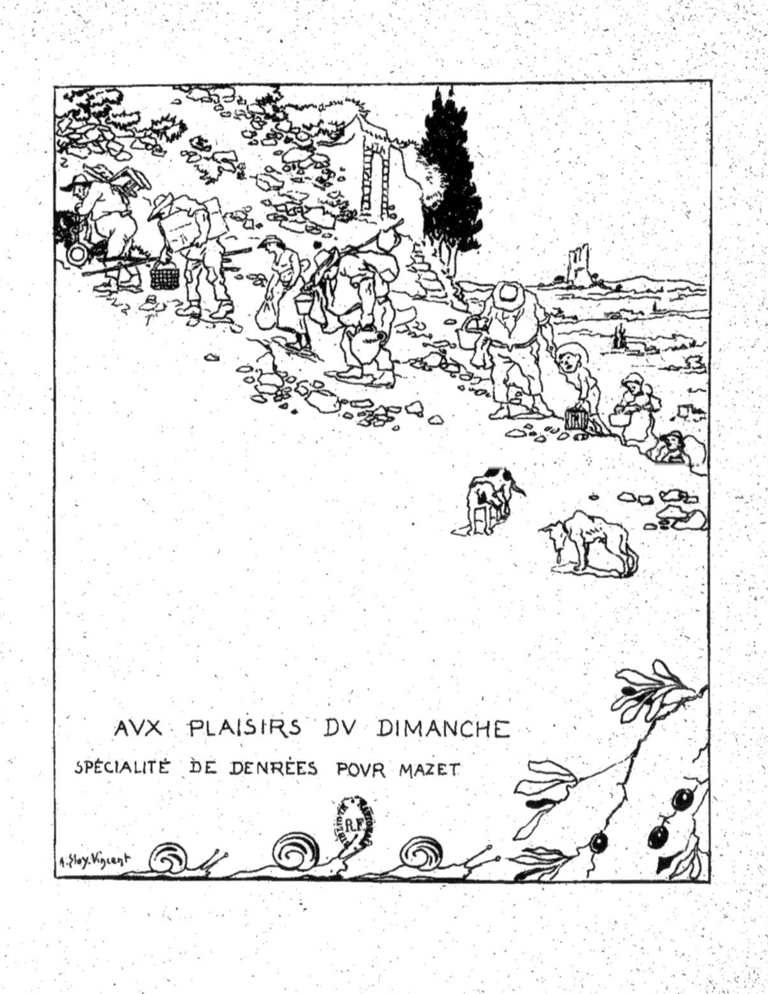
AVX PLAISIRS DV DIMANCHE
SPÉCIALITÉ DE DENRÉES POVR MAZET
A. Slox-Vincent

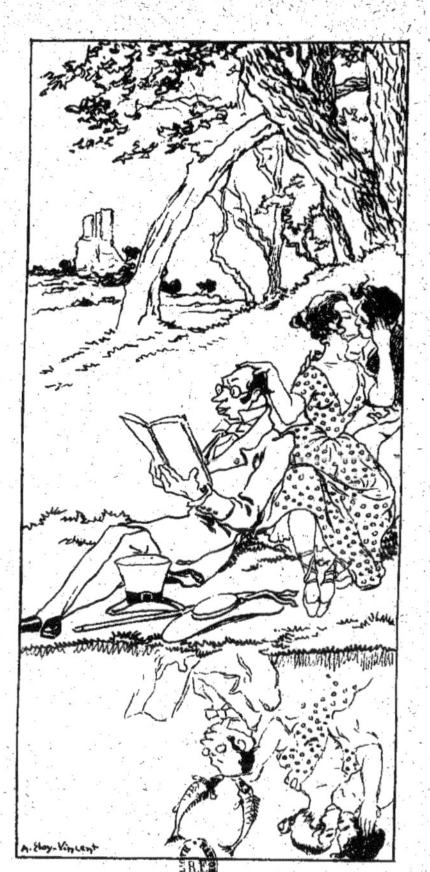

AV BONHEVR DE LIRE

LIVRES NEVFS ET D'OCCASION

Panneau de devanture.

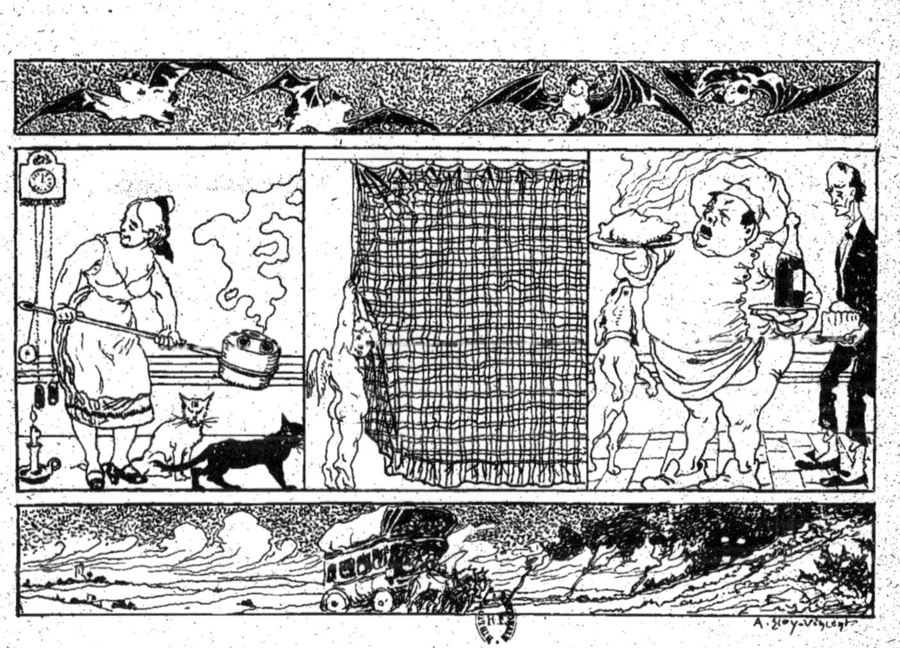

A LA LVMIÈRE SVR LA ROVTE

VITRAIL POVR VNE LANTERNE D'HÔTEL

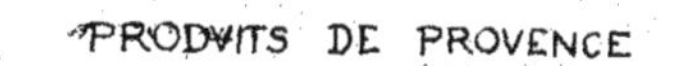

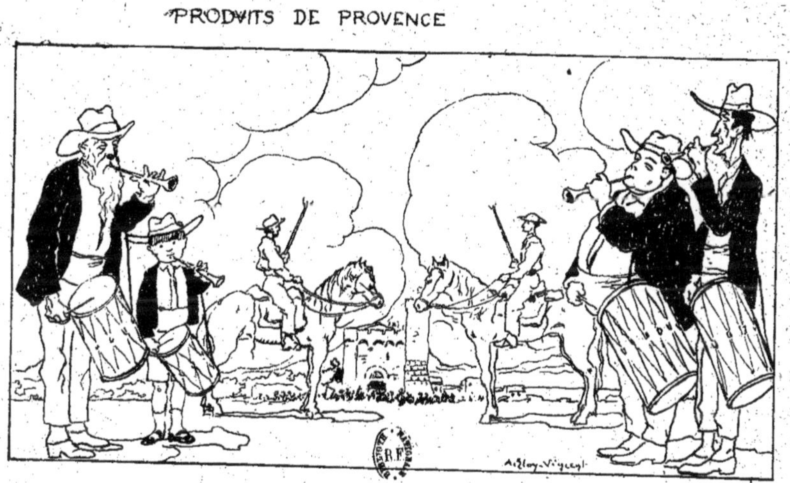

A LA COVLEVR LOCALE

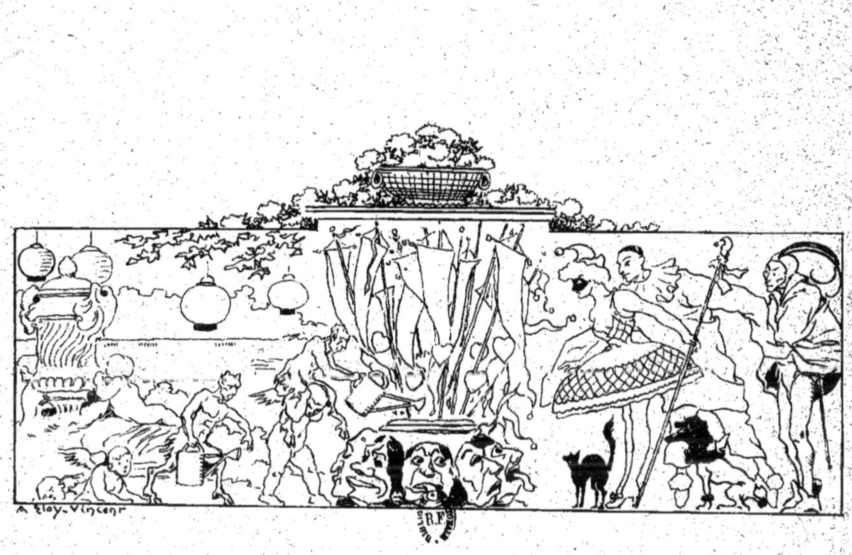

AVX FLEVRS DE CARNAVAL

TRAVESTISSEMENTS ET ACCESSOIRES

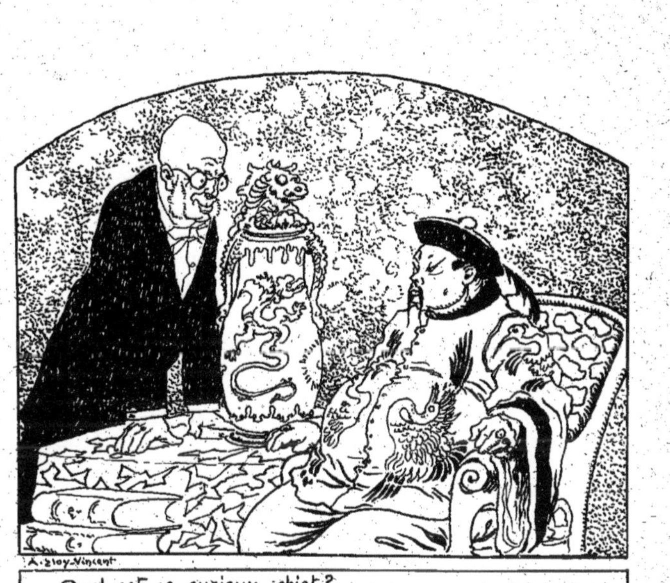

— Quel est ce curieux objet ?
— Un vase de Chine, Excellence.

AV CHINOIS INGÉNV

CVRIOSITÉS. ANTIQVITÉS.

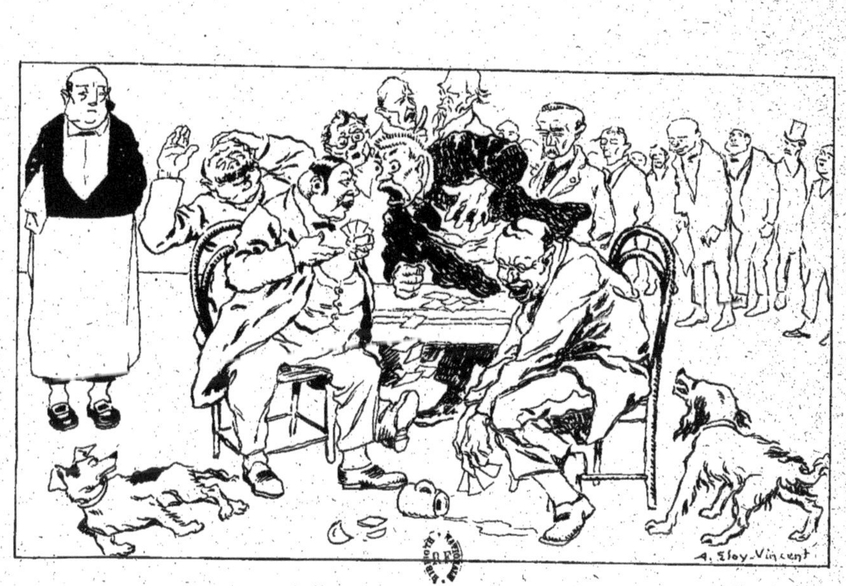

A LA RÉVSSITE DE L'IMPASSE AV MANILLON

CAFÉ DES INCAS ET DV VIDOVRLE

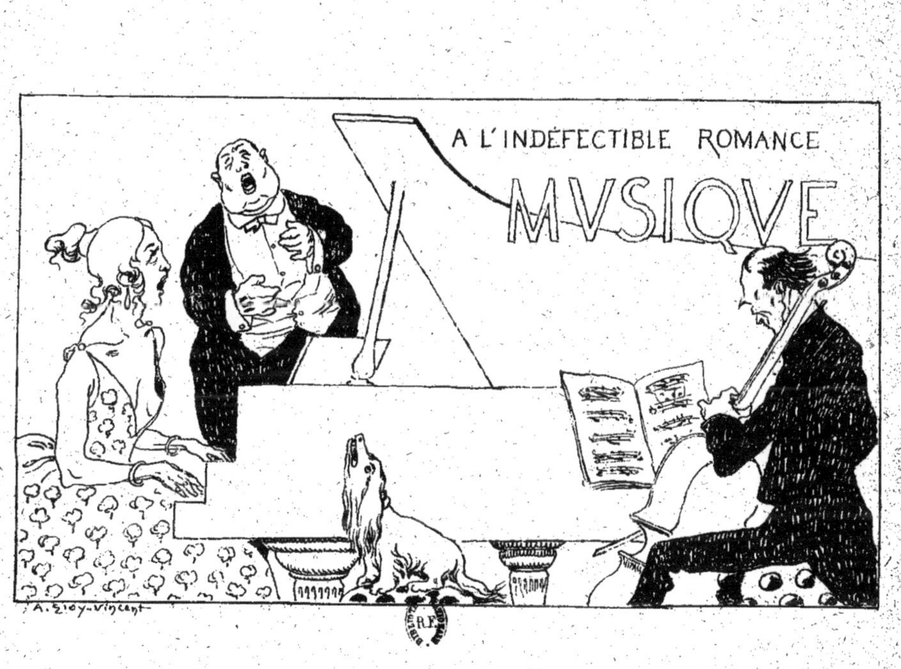

A L'INDÉFECTIBLE ROMANCE
MVSIQVE
A. Sioy-Vincent

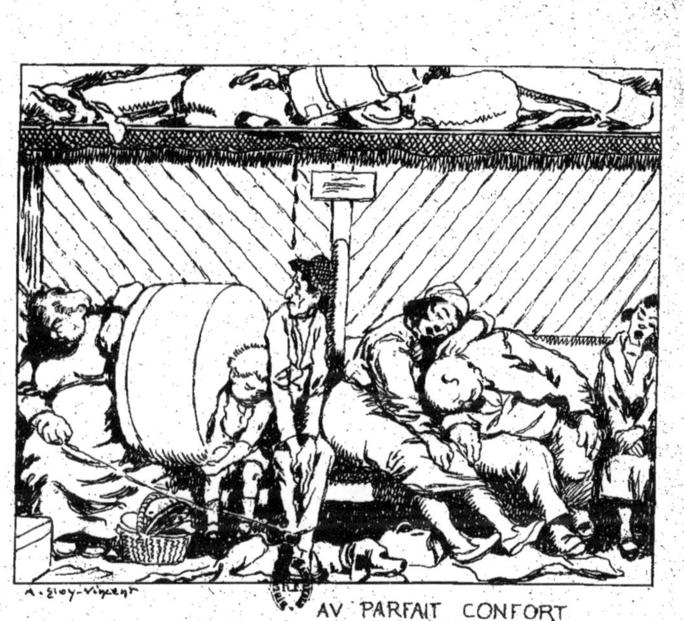

AU PARFAIT CONFORT
ARTICLES DE VOYAGE

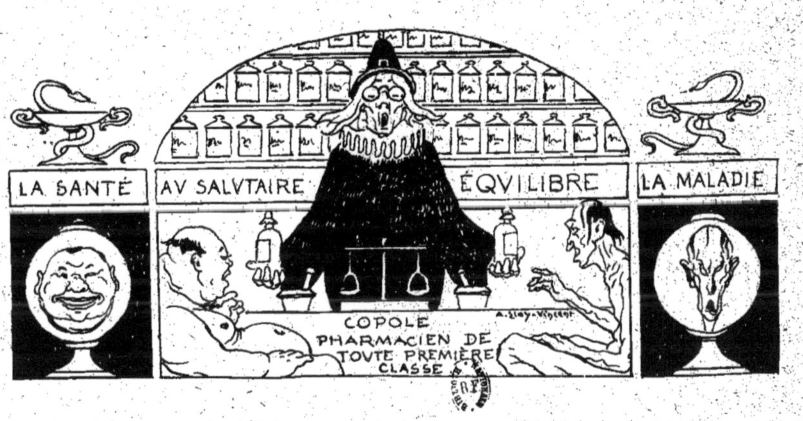

LA SANTÉ
AV SALVTAIRE
ÉQVILIBRE
LA MALADIE
COPOLE
PHARMACIEN DE
TOVTE PREMIÈRE
CLASSE
A. Slay-Vincent

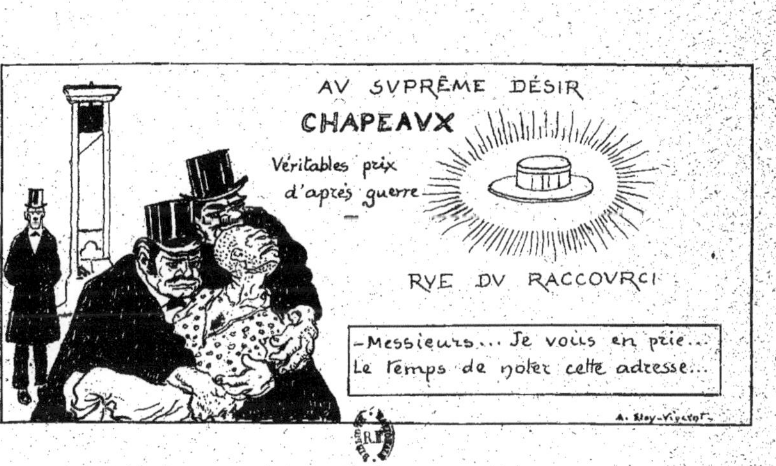
AV SVPRÊME DÉSIR
CHAPEAVX
Véritables prix
d'après guerre
RVE DV RACCOVRCI
-Messieurs.... Je vous en prie...
Le temps de noter cette adresse...
A. Noy-Vigetot

A LA SOVRCE DES REGRETS

ÇOVRONNES FVNÉRAIRES EN TOVS GENRES

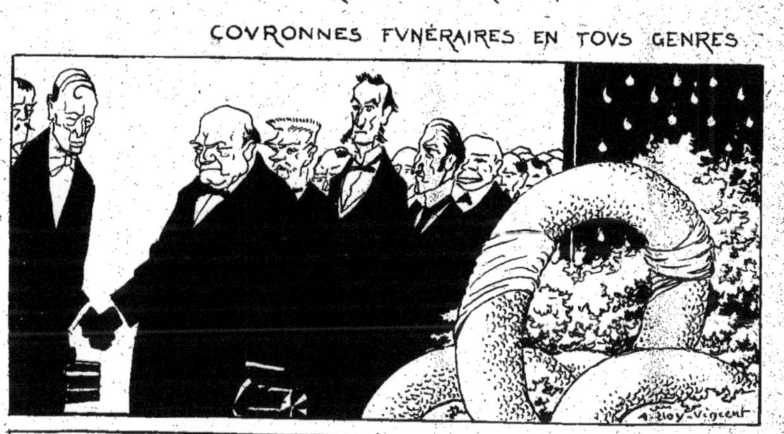

— Vous nous avez gâtés... La couronne est trop belle...
— Mais non... Mais non... On ne meurt pas tous les jours...

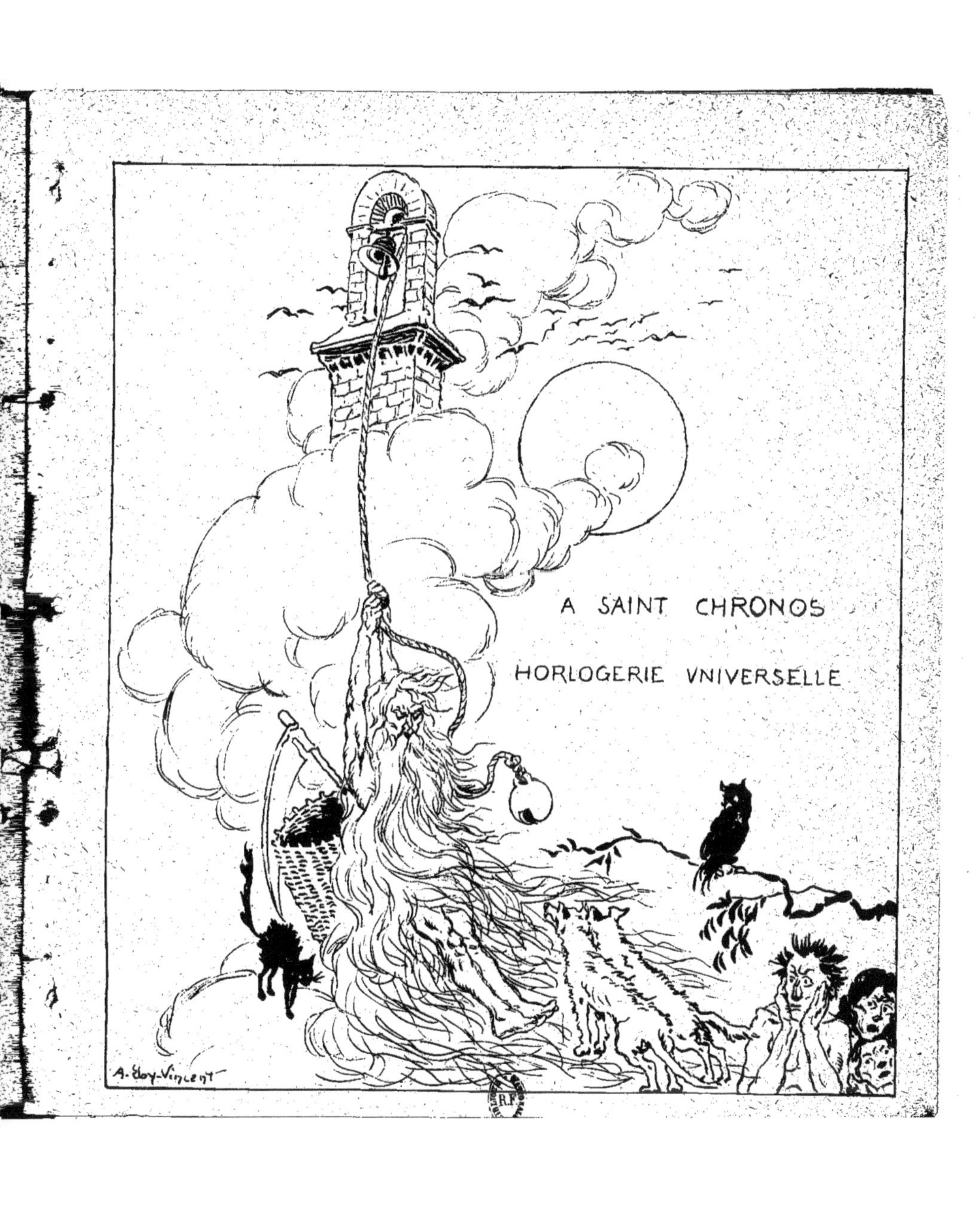

A SAINT CHRONOS
HORLOGERIE VNIVERSELLE
A. Eloy-Vincent

Achevé d'imprimé le 3o Juillet 1923
par les Élèves de la section
lithographique et typographique de l'École
Pratique de Commerce et d'Industrie
de Nimes

www.ingramcontent.com/pod-product-compliance
Ingram Content Group UK Ltd.
Pitfield, Milton Keynes, MK11 3LW, UK
UKHW022135170726
13837UKWH00004B/1578